PROVINCES EQUATORIALES D'ABYSSINIE

EXPÉDITION DU DEDJAZ COMTE N. DE LÉONTIEFF

PHOTOGRAPHIES

CHASSES

S. M. Ménélick II
Empereur d'Abyssinie.

የፍቅር፡መታሰቢያ፡እንዲሆ
ን፡ለወዳጄ፡ለኮሉኔል፡ሊዎን
ቲፍ፡ፎቶግራፊያዬን፡ሰጥቼ
ዋለሁ። ። ።

Autographe de l'Empereur Menelik.

Traduction : « Je donne cette photographie en souvenir d'amitié au Comte de Léontieff. »

Le Dédjaz Comte de Léontieff, gouverneur général des provinces équatoriales d'Abyssinie, et son porte-bouclier.

PROVINCES ÉQUATORIALES D'ABYSSINIE

EXPÉDITION

DU

DÉDJAZ COMTE N. DE LÉONTIEFF

I

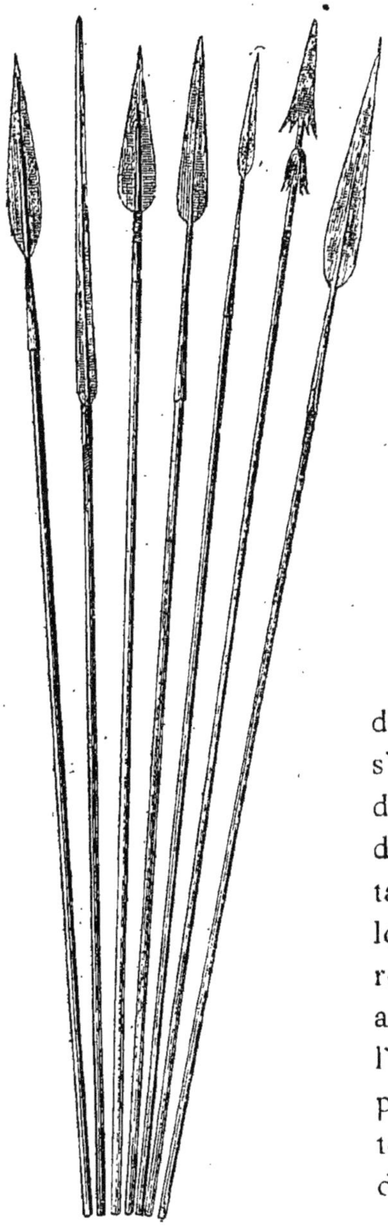

L'Occupation des Provinces

Mesures administratives

S. M. l'Empereur d'Ethiopie, Ménélick II s'inspirant de l'exemple donné par les Khédives d'Égypte, qui, afin d'établir leur influence et leur autorité dans les régions peu connues, avaient eu recours à l'intelligence d'Européens expérimentés, tels que Backer, Gordon, Hicks-Pacha, etc.,

Lances
(de Moursi et Ouragie).

Soldats abyssins.

Le personnel blanc et l'escorte des Tirailleurs Sénégalais.

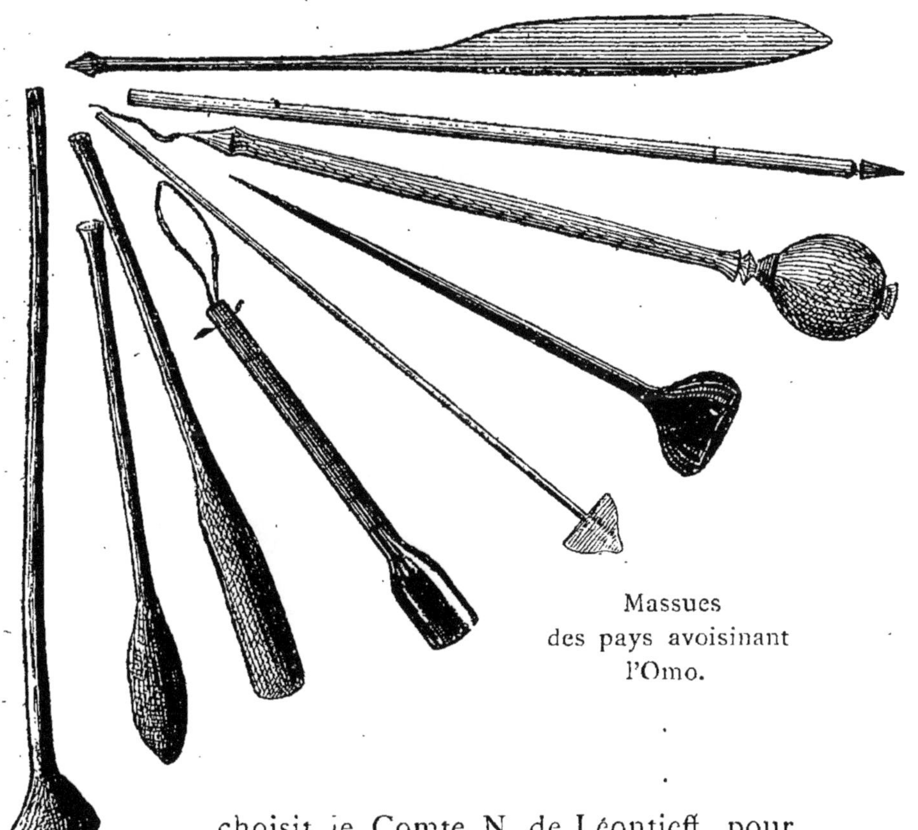

Massues
des pays avoisinant
l'Omo.

choisit le Comte N. de Léontieff, pour une mission du même genre. L'Empereur était guidé dans son choix par les services que le Comte de Léontieff lui avait rendus pendant la guerre contre l'Italie. En même temps que l'Empereur témoignait ainsi sa reconnaissance, il rendait hommage à la connaissance parfaite du pays et de ses mœurs qu'avait pu acquérir le Comte de Léontieff, qui se trouvait, pour ainsi dire, désigné pour ce rôle si important

Un Officier Abyssin.

A cette occasion, le Négus lui conféra le grade de Dedjaz, le plus élevé dans l'armée abyssine, et le nomma gouverneur général de ses provinces équatoriales, en remplacement de son cousin germain, le Dedjaz Tessama. Ces provinces, occupant d'immenses espaces entre le second et le sixième degré de latitude, n'étaient soumises effectivement à l'autorité de l'Empereur que dans

Le Chambellan de l'Empereur Ménélick II.

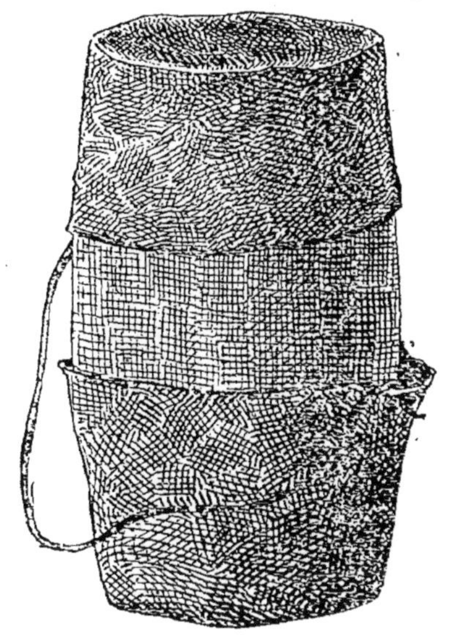

Tambour de guerre d'un chef de la tribu de Karo.

la partie septentrionale, tandis que, dans les régions équatoriales, sa souveraineté était plutôt nominale que réelle, bien que ces pays fussent inclus dans la sphère d'influence de l'empire d'Éthiopie

Organisation de l'expédition

Boîtes en corne pour mettre le tabac.

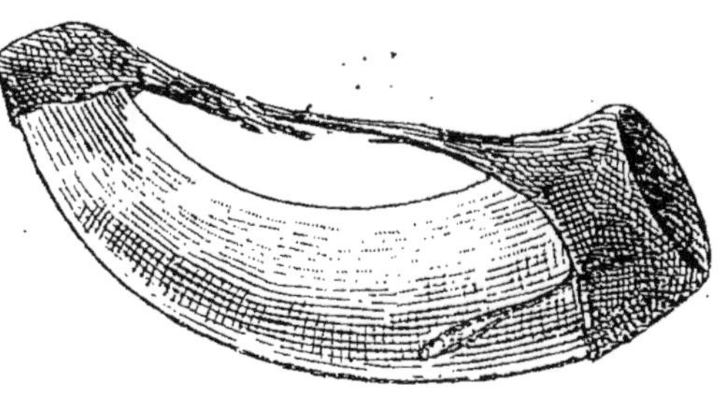

Afin de pourvoir à l'exploration et à l'organisation de ces provinces, le Dedjaz Léontieff organisa une grande

Cheval de l'Empereur.

Mule de l'Empereur.

Un Cavalier Abyssin.

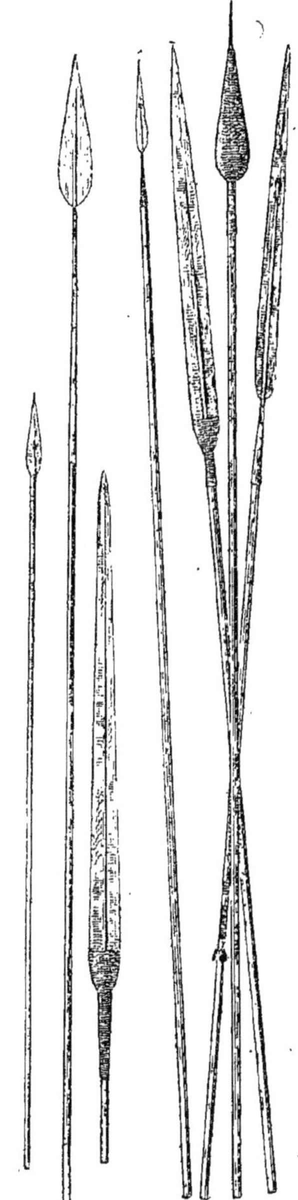
Lances, pour chasser les éléphants (Rivière Omo).

expédition qui se composait ainsi : le Fitaurari Chedeuvre; M. Jules Espéret; le capitaine Leymarie, commandant la compagnie d'escorte sénégalaise; les lieutenants Babitcheff et Sébillon; le docteur Kahn et Marius Bouchier,

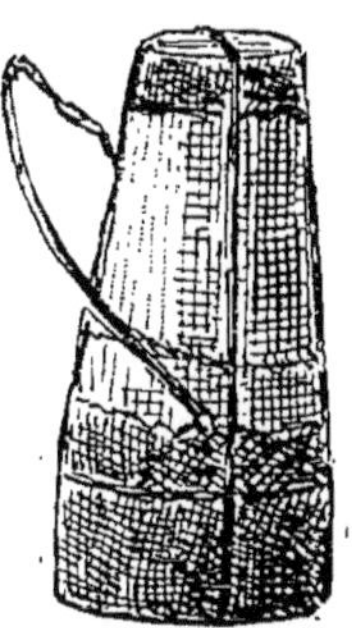
Cafetière.

chargé de l'intendance; quelques Cosaques de l'escorte particulière de S. M. l'Empereur de Russie, passez à la réserve; cinquante éclaireurs arabes montés sur des chameaux cou-

Notre camp.

reurs amenés d'Arabie. Le personnel noir comprenait un certain nombre d'interprètes et de guides, et 2,000 fantassins et cavaliers abyssins. Les femmes accompagnaient leurs maris, selon la coutume abyssine, pour fonder des établissements définitifs.

La concentration de toute la colonne s'opéra au camp d'Adâ, près d'Addis-Ababâ, capitale de l'Abyssinie, avec le concours persistant de l'Empereur Ménélick, sans lequel on n'eut pu

Notre avant-garde quittant Djibouti.

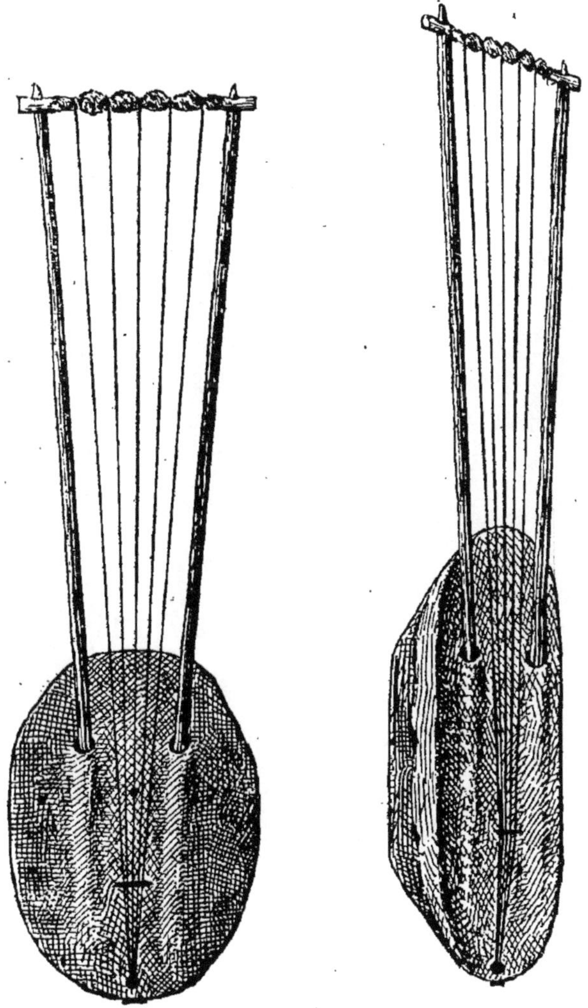

Harpes ayant appartenu à Benzi, roi de Bako.

surmonter les nombreuses difficultés que rencontre toujours l'organisation d'une grande colonne en Abyssinie.

Une vue de Harrar.

L'expédition quitta le camp d'Addâ en juin 1899, et, après une marche de vingt jours, au cours de laquelle elle parcourut trois cents kilomètres à travers des pays plats et très cultivés, tels que le Kambata et l'Oualamo, elle arriva à Oubâ, premier poste frontière des provinces équatoriales.

Artillerie abyssine.

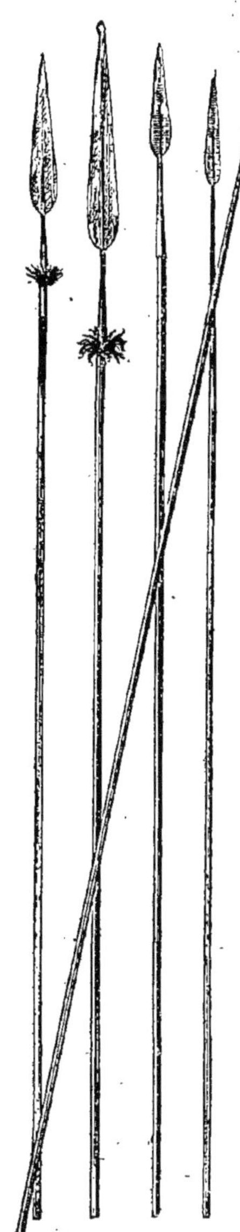

Lances, des pays avoisinant le Lac Rodolphe.

Au lac Rodolphe

Le 20 août, le Dedjaz Léontieff atteignait le lac Rodolphe, après avoir exploré les régions du fleuve Omo. Parvenu à ce point, le Dedjaz

Pipe des Kako.

Léontieff eut soin d'organiser un service de reconnaissances, qui put constater que la tranquillité était parfaite dans le pays, les indigènes ne demandant qu'à s'occuper de leurs cultures, des échanges et du trafic. Il

Notre colonne en marche.

réussit également à conclure avec plusieurs roitelets indigènes des traités de commerce qui procureront d'importants avantages dans l'avenir.

Tandis que le gros de la colonne s'occupait de l'organisation administrative dans les provinces du bassin de l'Omo, une expédition, conduite par M. de Schedeuvre, avec deux sections de tirailleurs sénégalais, poussa une pointe vers le Sud, à travers les régions occidentales du lac Rodolphe. Deux autres sections de la compagnie sénégalaise

Passage d'une rivière.

Rivière Néri.

furent établies, sous le commandement du lieutenant Sébillon, près de l'embouchure du fleuve Omo et y construisirent un fort sur une hauteur qui domine les alentours.

Des garnisons éthiopiennes ont été établies aux points les plus importants des provinces équato-

Boîte pour outils de pêche (Omo).

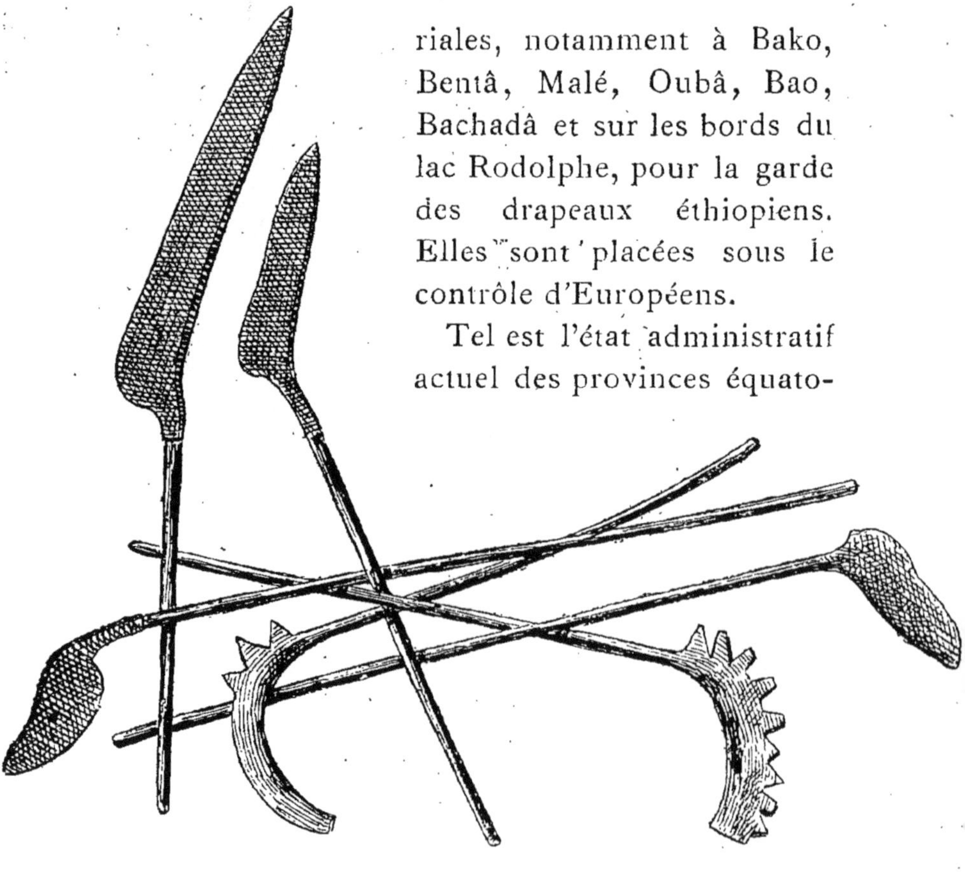

riales, notamment à Bako, Bentâ, Malé, Oubâ, Bao, Bachadâ et sur les bords du lac Rodolphe, pour la garde des drapeaux éthiopiens. Elles sont placées sous le contrôle d'Européens.

Tel est l'état administratif actuel des provinces équato-

Sabres de bois et massues (Lac Rodolphe).

Chargement des chameaux.

Sycomore

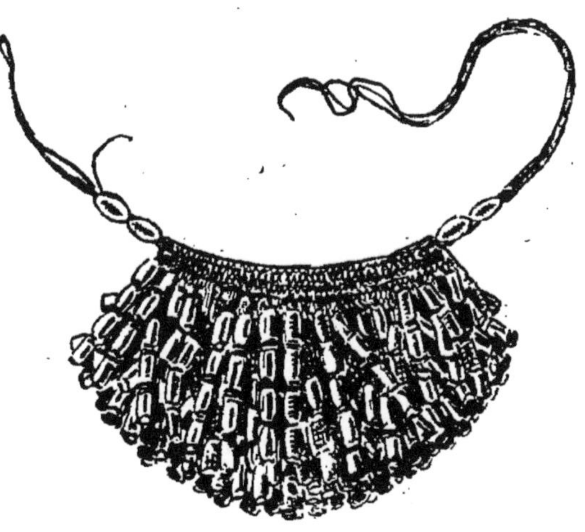

Ceintures de chasteté (Bouma)

riales. Nous allons présenter maintenant quelques courtes observations relatives à la géographie des pays formant les provinces équatoriales.

Sièges indigènes.

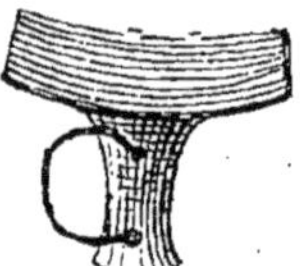

Appui-tête
(Bako, Omo).

Etui pour mettre
le tabac.

Description du sol

La partie septentrionale des provinces se présente comme une suite de hauts plateaux, s'élevant de 2,000 jusqu'à 2,500 mètres au-dessus du niveau de la mer. Du Nord au Sud, ces plateaux

Route de Baco.

Baco.

sont coupés de vallées où s'étale une riche végétation. Ce sont les derniers contreforts du plateau éthiopien. La partie méridionale constitue la grande vallée du fleuve Omo, qui contourne le lac Rodolphe. Cette vallée est, çà et là, rompue par des chaînons isolés du massif général des montagnes.

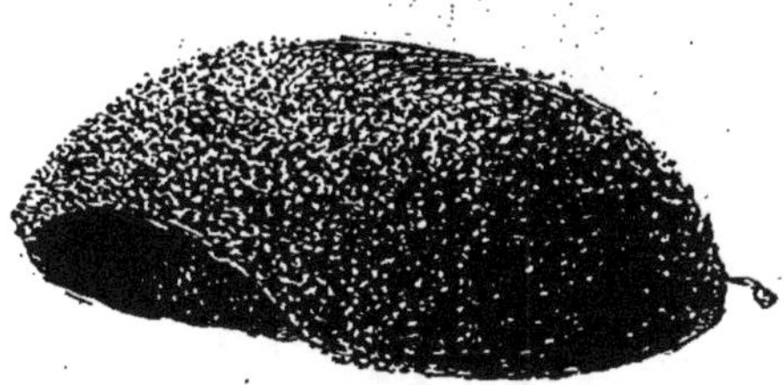

Ornements de tête en cheveux humains (pays de Bouma).

Ces provinces

ındigènes.

Indigènes apportant leur tribut en ivoire.

Chapeau de guerrier, garni de plumes d'autruche (Bouma).

sont d'une grande fertilité. La végétation y est luxuriante, et la population, qui est très dense, se livre aux travaux de l'agriculture, qui, partout,

Ornements de têtes en plumes (Bako).

Une halte.

se trouve en pleine activité. On cultive, principalement, le café, le tabac, les céréales, le maïs, le dourah, etc. Situées à des altitudes qui varient entre 800 et 2.500 mètres, ces régions ont les climats les plus variés. On y rencontre le baobab, le genévrier

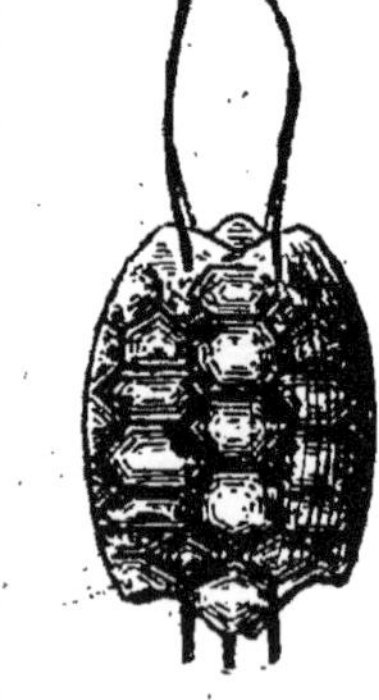

Cloche en écaille de tortue pour les chèvres (tribu Karo).

Clochettes en fer pour les vaches (tribu Karo Omo).

Emballage de l'ivoire.

Traversée de l'Omo.

Grains

géant, sorte de cèdre, l'olivier, des cactus, les euphorbes, le mimosa, le palmier, le caféier, et une grande variété d'autres arbres et plantes.

Le Climat

Le climat est très sain. Il est aussi très doux, la température ne descendant jamais au-dessous de 15°. On comprend que, dans de pareilles conditions météorologiques, la végétation soit cons-

La trompe du roi de Murlé.

Sac en peau d'éléphant (tribu de Bana).

Récipient en bourse d'éléphant pour mettre du lait.

tante, si bien qu'on peut varier ses cultures et obtenir plusieurs récoltes pendant l'année. En effet, la température annuelle moyenne, sur les hauts plateaux, est de 22°, tandis que, au bas, près du lac Rodolphe, elle est de 32°. La température moyenne de la journée est, sur les plateaux, de 25°, celle

Ornements pour mettre au bras, en queue de girafe (Lac Rodolphe)

Départ pour une chasse à l'éléphant.

Attention.

de la nuit de 12°. Auprès du lac Rodolphe, la température moyenne de la journée monte à 36°; celle de la nuit à 24°.

La saison des pluies commence au mois de juin et dure jusqu'à la fin du mois d'août. Les différences de température, entre les quatre saisons de l'année, ne sont pas importantes. La saison des pluies, près du lac Rodolphe, est plus courte que sur le plateau. Le terrain du plateau apparaît recouvert de terre végétale, tandis que, dans le désert, il est argileux et sablonneux. Les vents soufflent généralement du côté du Nord, surtout la nuit.

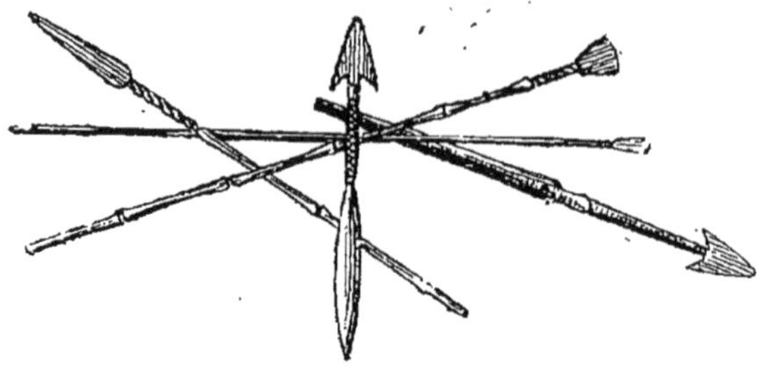

Bouts de lances empoisonnés, servant à chasser l'éléphant.

Chasse-mouches abyssin (cadeau du Ras Makonen).

Des nombreuses forêts renferment des caféiers à l'état sauvage, qui donnent un excellent produit connu en Europe sous le nom de « café abyssin ».

Il y a lieu de signaler également d'importants gisements de fer, de zinc, d'antimoine, de cuivre, etc. Cavendish a signalé d'importants gisements houillers auprès du lac Rodolphe. L'or existe évidemment dans le pays,

Trompes des guerriers de la tribu de Tourkana.

Affût à l'éléphant.

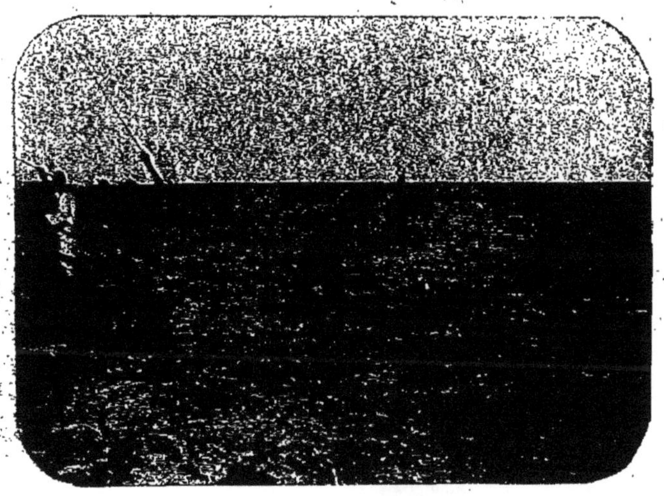

Exécution d'un assassin.

à preuve, la quantité d'ornements en métal précieux dont se parent les indigènes. En outre, l'expédition a découvert de vastes salines, dont l'exploitation donnera de gros bénéfices, étant donné que le sel se vend à des prix très élevés dans le pays.

Indépendamment de la culture, dans plusieurs provinces, telles que Banâ, Mourle, Bachadâ, Karo et autres, la population s'occupe de l'élevage du bétail et se livre à la chasse aux éléphants, qui sont très nombreux. Du reste, ces pays sont un vrai « paradis des chasseurs ».

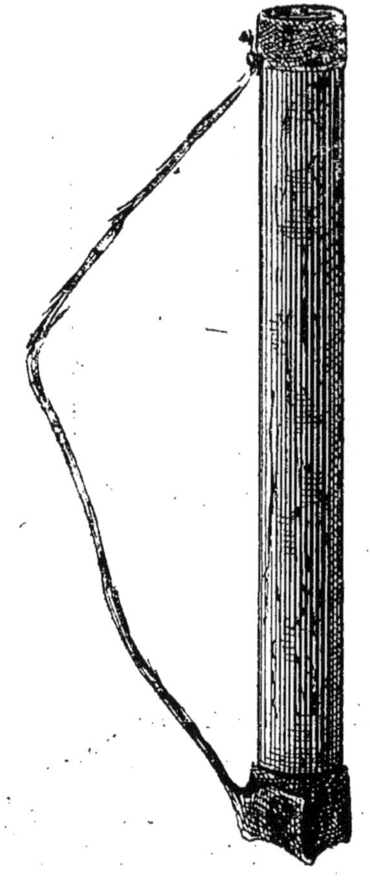

Etuis pour flèche (pays de Marcha) (Omo).

Irrigation

Les provinces équatoriales sont largement arrosées. Des nombreux cours d'eau, tels que le Néri, le Chamgama, le Podi et autres, sillonnent la région. Les rivières et les lacs sont très poissonneux. En fait de lacs, il faut noter, en dehors du lac Rodolphe, les lacs Zouay et Oulamo.

Toutes les rivières sont torrentueuses, comme dans les montagnes, et ne se dessèchent jamais. Guéables pendant la saison sèche, en dehors de l'Omo, elles débordent pendant la saison des pluies.

La rivière Omo, qui traverse le pays sur une longueur d'environ 500 kilomètres, constitue le principal cours d'eau d'Ethiopie. Sa largeur atteint souvent de 100 à 140 mètres et Dedjaz Léon-

Nous observons les éléphants.

Sauvages du lac Rodolphe.

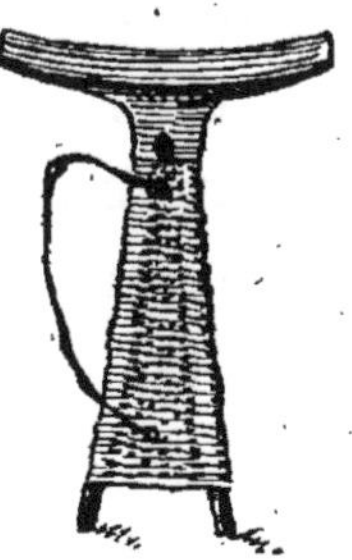

Appuis-tête (Tourkana).

tieff a pu naviguer en radeau jusqu'au lac Rodolphe, dans lequel elle se déverse. Cette navigation présente une sérieuse voie de communication, car la rivière arrose plus de 1.500 kilomètres de rives et permet de remonter jusqu'à cinq jours d'Adis-Ababa, point terminus du futur chemin de fer, ce qui ouvre des horizons nouveaux à l'avenir de l'Abyssinie et permettra de rattacher cette région au port de Djibouti.

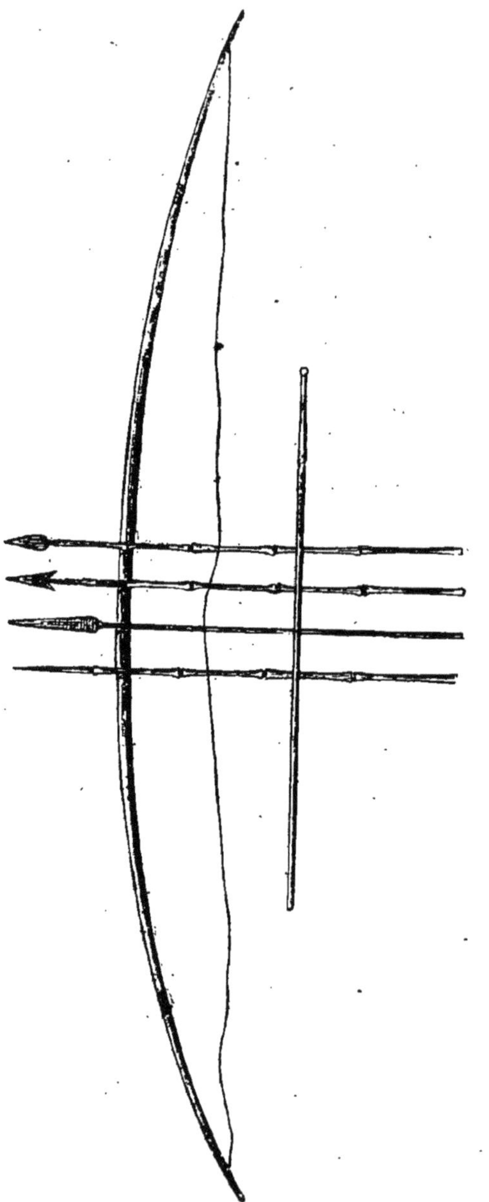
Arcs et flèches (de l'Omo).

Ce fleuve, aux eaux profondes jamais taries, prend ses sources dans la région de Jésuma; il recueille les eaux du versant méridional des plus hautes montagnes de l'Ethiopie, sa direction court d'abord vers le Nord; il s'infléchit bientôt vers le Sud-Est et arrose le pays du Janjaro. Il passe ensuite entre le Oulamo et le Kaffa, dont il baigne le pied des plus bas contreforts, avant de des-

Arbre déraciné par un eléphant blessé.

Côte sud-ouest du lac Rodolphe.

cendre vers le Sud, il contourne la chaîne des monts Mousi, où il reçoit le gros affluent de la rivière Podi; enfin, après de nombreuses sinuosités, il se jette dans le lac Rodolphe par un estuaire excessivement large.

La vallée de l'Omo est superbe; de nombreux villages se dressent sur les deux rives du fleuve, au milieu de vastes prairies, avec des sites charmants. On y retrouve fréquemment des aspects rappelant ceux de nos pays d'Europe.

Instruments pour nettoyer les peaux.

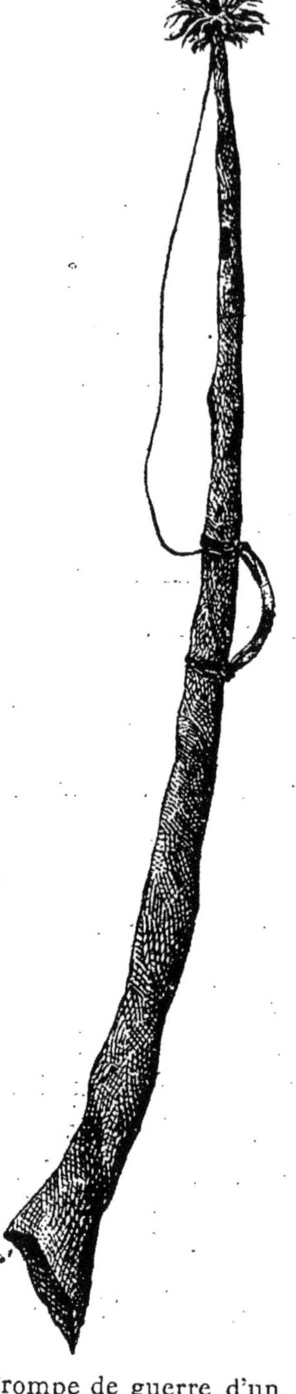

Trompe de guerre d'un chef de la tribu de Moursi

Population

La population des provinces équatoriales est formée en majeure partie de descendants de Gallas, ce qui équivaut à dire que ce sont des travailleurs. Tous sont cultivateurs et chacun d'eux possède une habitation qui, malgré son aspect primitif, est fort bien construite. Ces habitations sont formées de bambous, qui sont très communs ici; le toit est recouvert de chaûme, de forme arrondie et très haute. L'entrée est fort petite et l'on ne peut pénétrer qu'en se courbant. A l'intérieur, la propreté est minutieuse; les quelques instruments aratoires, de pêche et de chasse, sont

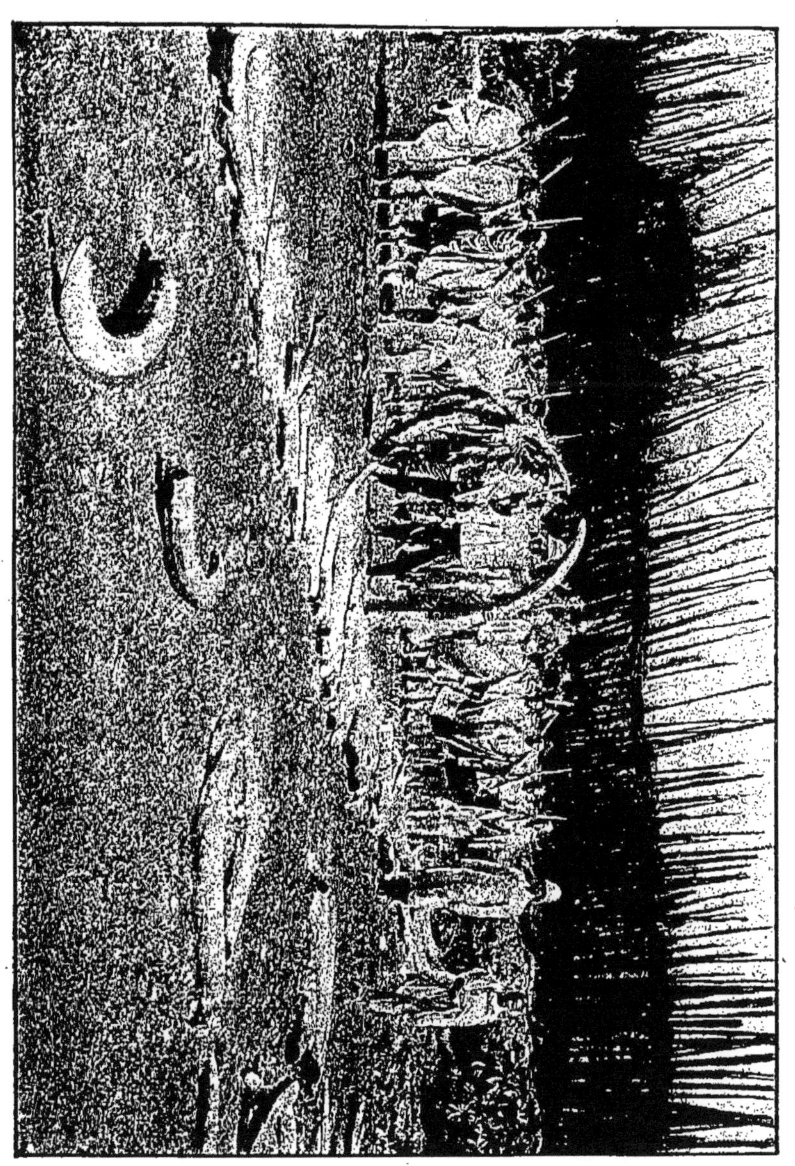

Trophées de chasses.

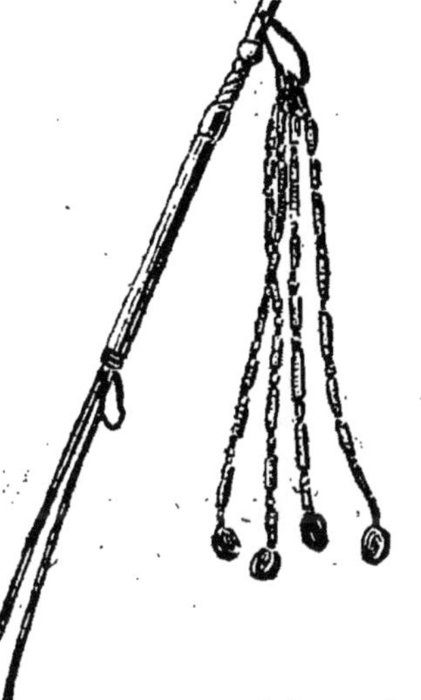

chacun à leur place. Les armes sont : la lance, l'arc, les flèches et un bouclier immense, de forme rectangulaire.

Quant aux indigènes, leur teint est d'un noir moins intense que celui des indigènes de la côte occidentale d'Afrique, mais plus foncé que celui des Abyssins. Ils sont grands, bien faits et portent une coiffure spéciale, où ils mettent presque toute leur coquetterie. Aux oreilles, de larges rondelles en bois sculpté forment leur principal ornement, ainsi que les bracelets d'ivoire. Ils appartiennent à des tribus encore inconnues et

Fouet (Courbach) en peau d'hippopotame, (cadeau du Roi de Zala).

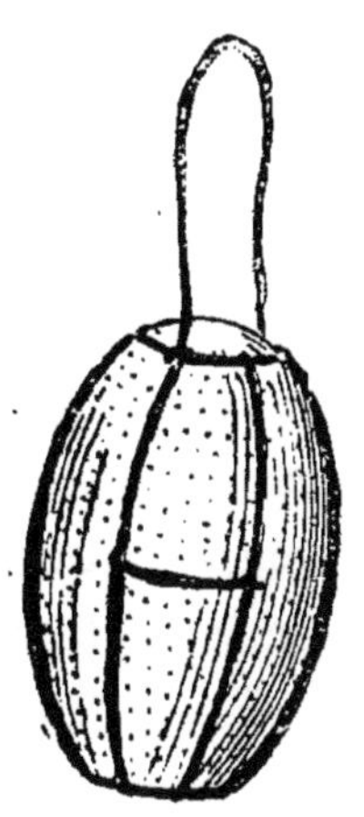

Récipient en œufs d'autruche.

Le pavillon abyssin est arboré au sud du lac.

parlent des langages différents. — Les pays au sud des provinces équatoriales, qui n'étaient pas encore organisés par les Abyssins, sont peuplés par des habitants qui se rapprochent du type nègre, quoique plus élancés et plus grands que ne le sont les nègres en général.

Très intelligents, ils se suffisent à eux-mêmes. Ils travaillent le fer et fabriquent tous les instruments dont ils ont besoin, pour la guerre, la chasse, la pêche et la confection des pirogues.

Chargement de l'ivoire.

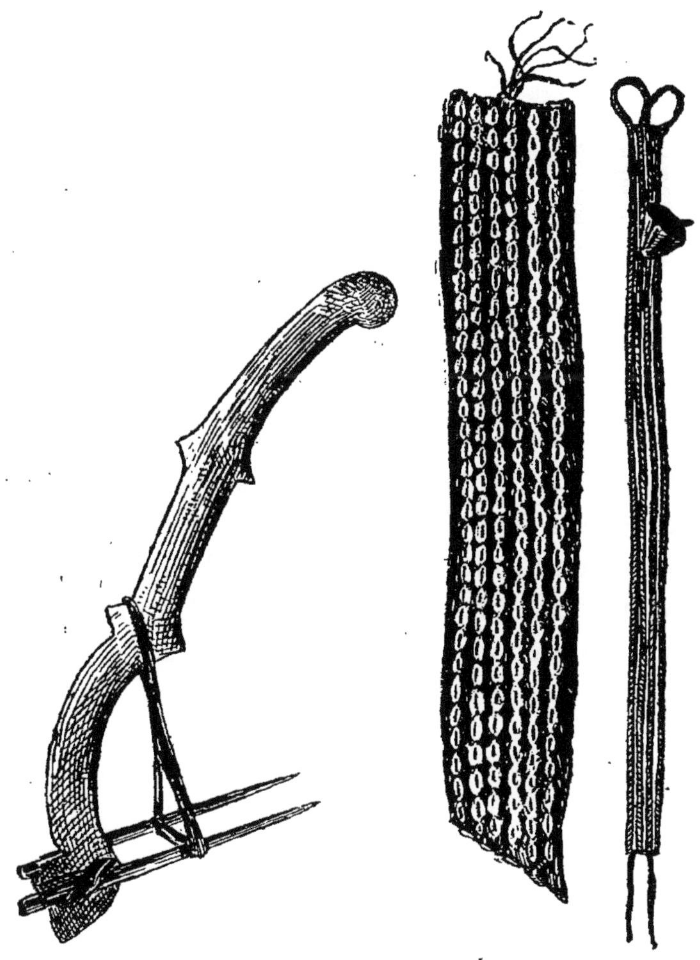

Instruments de labour.

Ceintures du Roi Benzi (Baco).

Une des principales occupations consiste dans la récolte du miel, dont les indigènes sont fort

Bracelets en cuivre (Lac Rodolphe).

friands; mais la cire, qui est aussi très abondante, est complètement inutilisée; elle constituerait une source de bénéfices. Les habitants se livrent également au commerce. De grands marchés se tiennent périodiquement dans les pro-

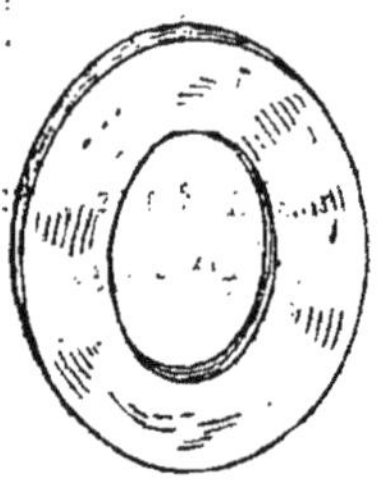
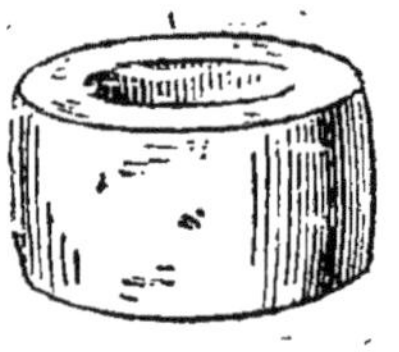
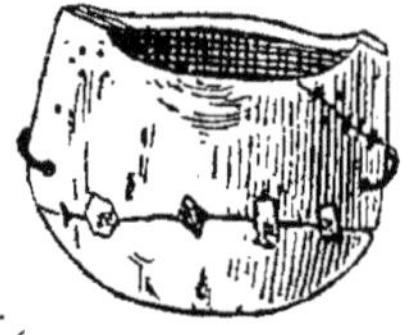

Bracelets d'ivoire.

Chasse au léopard avec S. A. R. le prince Henri d'Orléans.

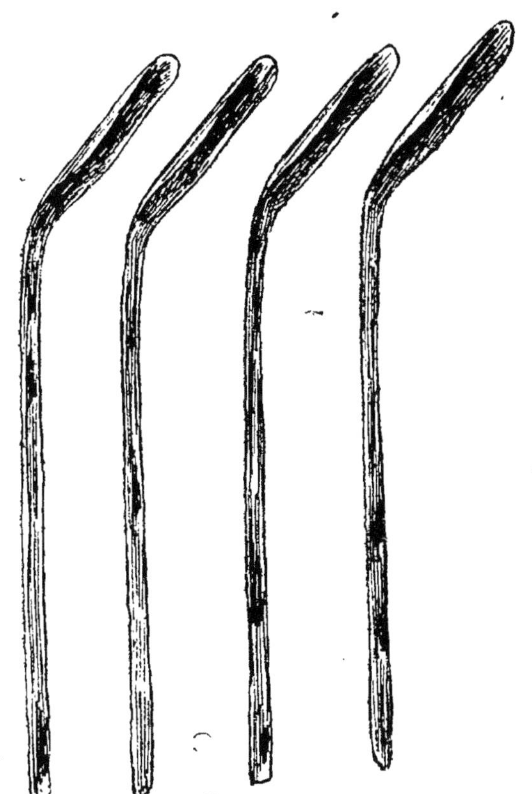

Morceau de fer, servant de monnaie (Ouba).

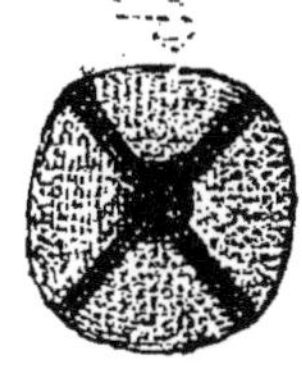

Ornement de tête pour hommes et femmes (Omo).

vinces de Ouba Bao, Malé et Bako; on y vend du sel, du tabac, des peaux, du café, de l'ivoire, de l'or, du fer, du cuivre, des plumes d'autruche, des cotonnades et de la verroterie. Le trafic de l'ivoire est

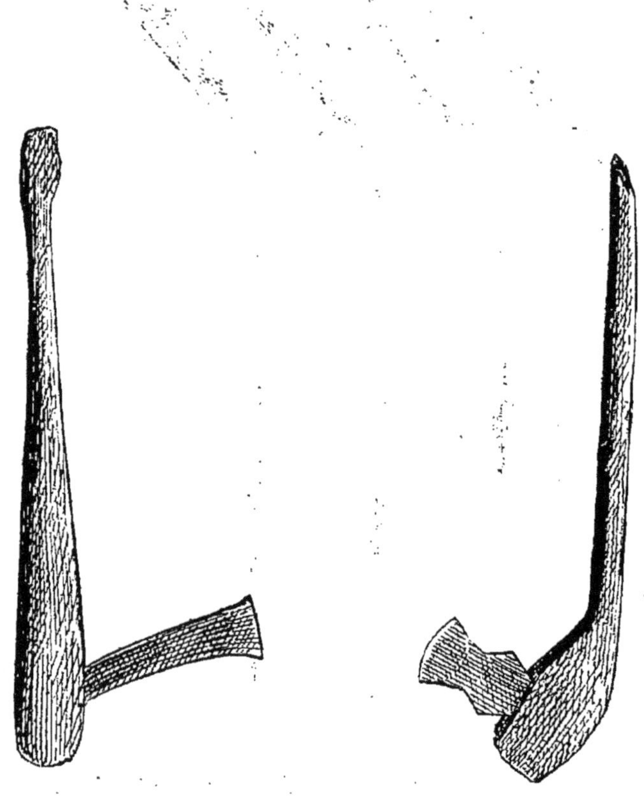

Haches de Bako et Bana.

très important sur ces marchés, où on l'y échange contre du bétail et contre de l'argent. C'est, du reste, l'endroit de l'Afrique le plus riche en ivoire.

Danses Somalis.

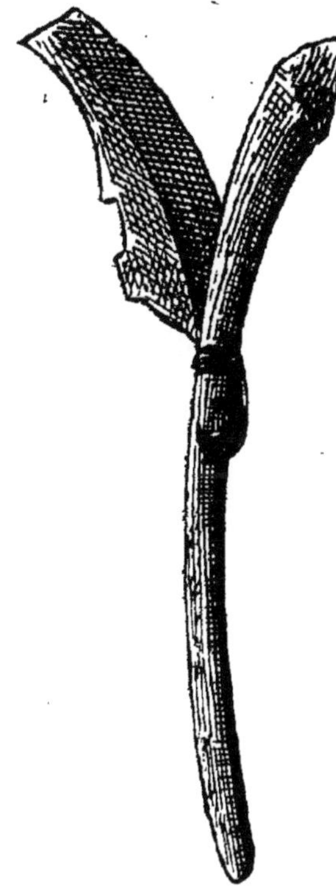

Couteau pour couper les bananes (Bako).

Exportation

Les produits d'exportation sont principalement l'ivoire, le café, les peaux, le musc et le bétail. Ces produits ont suffi jusqu'à ce jour aux relations commerciales de l'Ethiopie avec l'Europe. Mais il faut tenir compte du développement prochain que prendront les échanges avec ces régions, dès que la voie ferrée actuellement en construction entre Djibouti et la capitale de l'Ethiopie sera terminée.

L'absence de moyens de transport a été, en effet, le seul

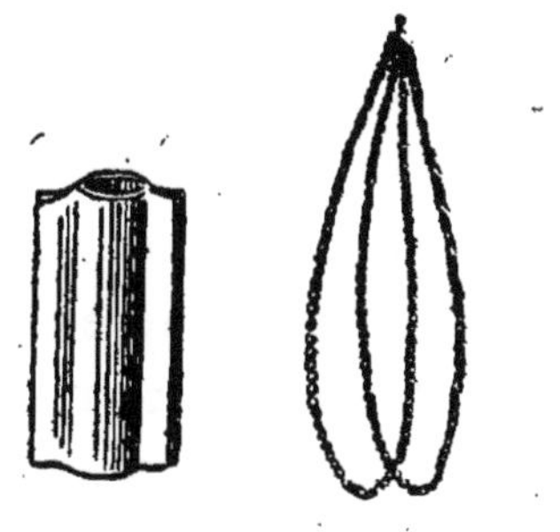

Ornement de lance (Omo).

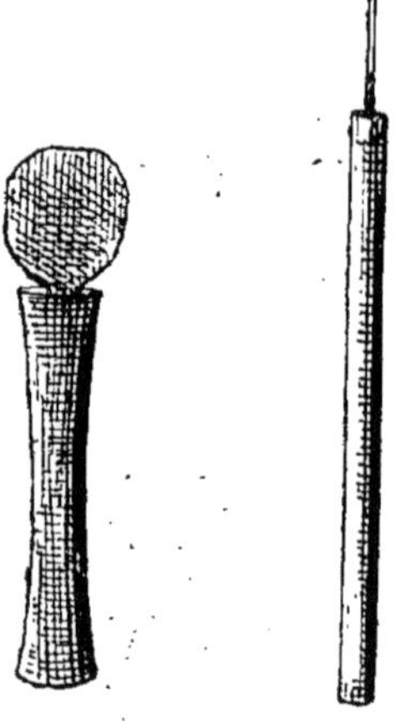

Vrilles (Bouma).

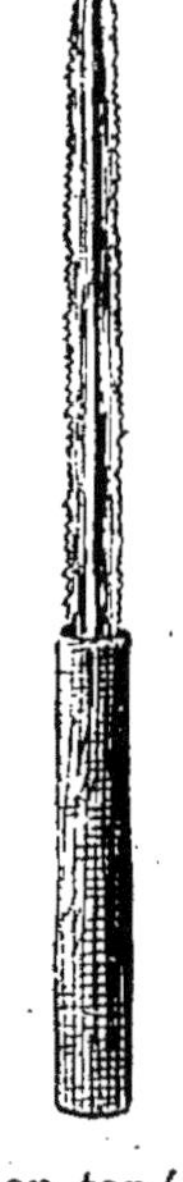

Scie en fer (Bako).

obstacle au développement commercial de l'empire des Negous. On comprend quelle importance prendra le bassin de l'Omo, qui devient navigable à quelques journées à peine de marche d'Addis-Ababa, lorsqu'il sera relié commercialement avec la voie ferrée. La rivière Omo constitue un vaste système fluvial naturel, atteignant le lac Rodolphe, avec un

Battage du grain à Ouba.

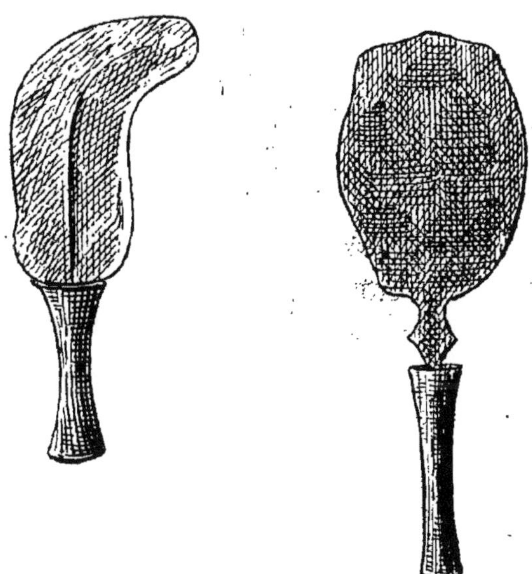

Instruments de labour (Mourlé).

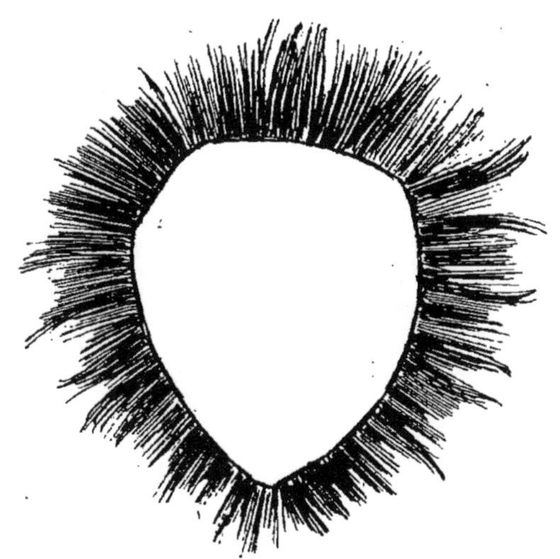

Ornements de cou en crinière de zèbre (pays de Mourlé).

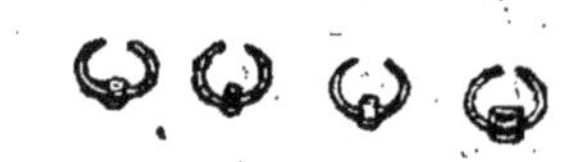
Boucles d'oreilles (Omo)

développement de 1,500 kilomètres de rives. On comprend aisément le parti, qu'il sera aisé de tirer de ses richesses naturelles, mines, forêts et céréales, dès qu'un débouché aura été créé entre Addis-Ababa et Djibouti. Du reste, une Société anonyme s'est déja constituée et a donné, dès ses débuts, des

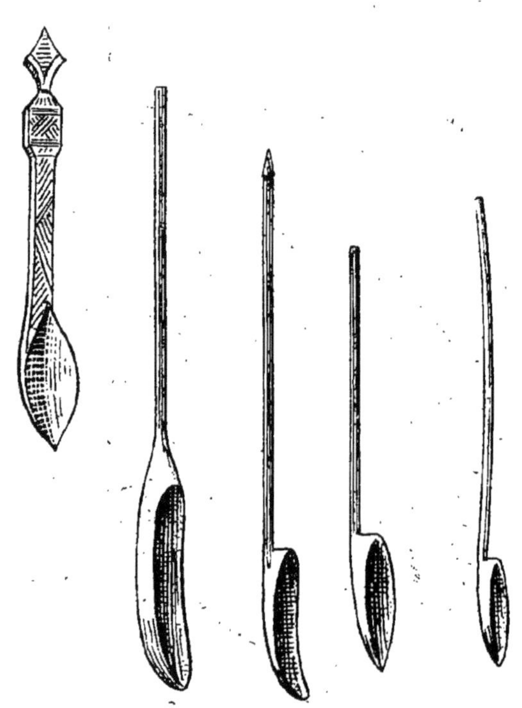
Cuillières du pays de l'Omo.

Une proclamation

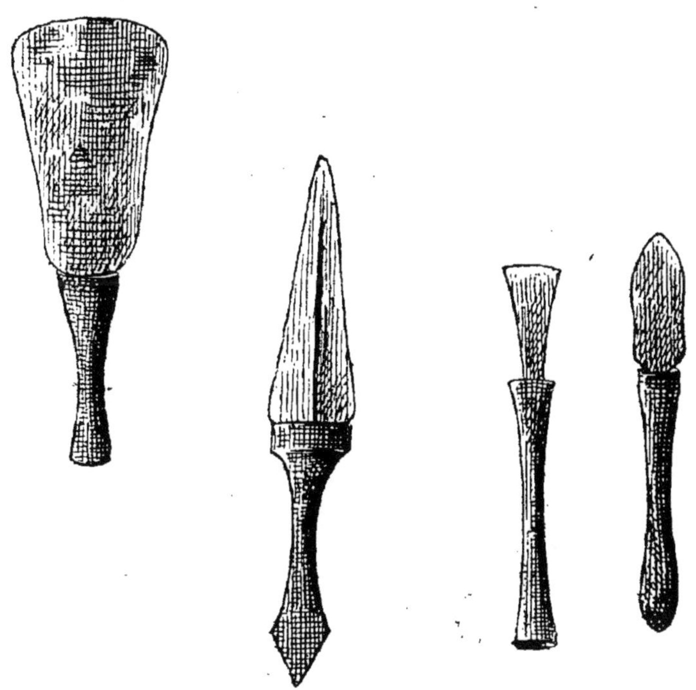

Couteau en fer (Bako).

résultats qui promettent un succès certain aux futures tentatives de colonisation.

Quant aux explorateurs et aux touristes, ils trouveront sur ces hauts plateaux et à travers ces

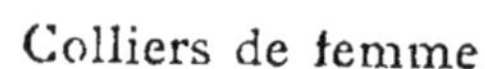

Colliers de femme.

Trompe des guerriers de la tribu de Tourkana.

larges plaines de quoi donner libre carrière à leurs instincts de chasseurs. L'éléphant, le rhinocéros, le lion, le léopard, le zèbre, la girafe, abondent dans les forêts. On y rencontre aussi quantité d'antilopes, de sangliers et, sur les rives du lac, une grande variété d'oiseaux de toutes sortes.

Une chaise de voyage.

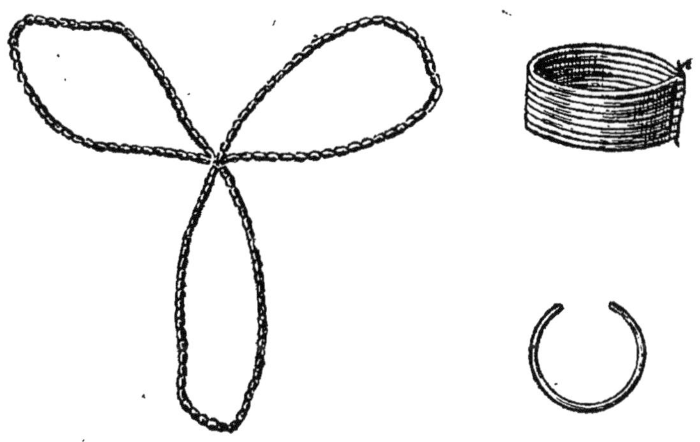

Colliers, ornements de femmes.

Bracelets en fer (Lac Rodolphe).

Les chasseurs, avides d'émotions, pourront y réaliser leurs rêves cynégétiques, tandis que la civilisation fera son œuvre et amènera la prospé-

Collier de jeunes filles (Omo).

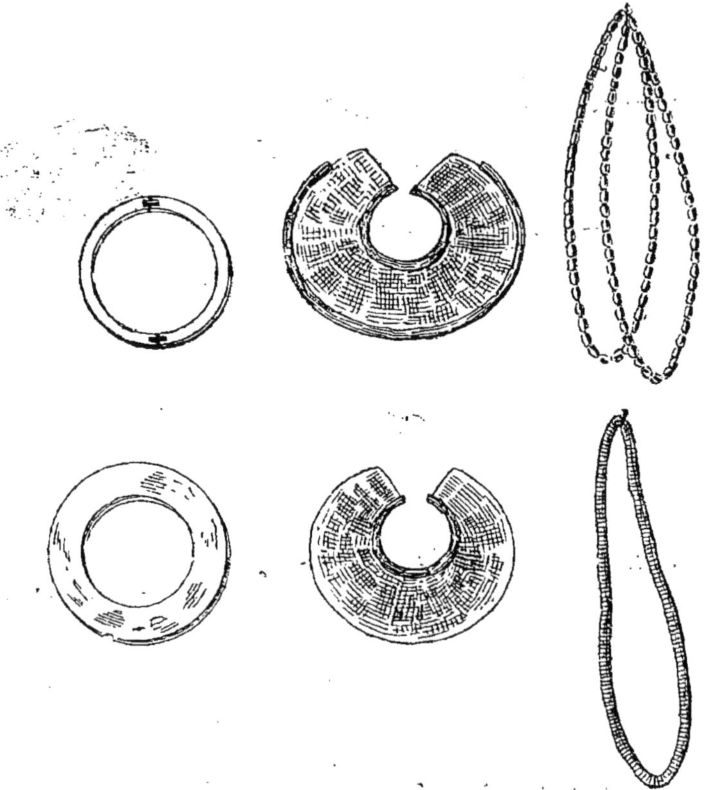

Couteaux en forme de bracelets et colliers (Lac Rodolphe).

rité et la richesse dans ces régions restées jusqu'à présent isolées et presqu'inconnues.

Un groupe au bord du Lac Rodolphe.

Tels sont, résumés aussi succinctement que possible, les résultats de l'expédition dirigée par M. le comte de Léontieff. Le public français a témoigné, en diverses circonstances, de l'intérêt qu'il portait à une exploration accomplie sous les auspices les plus sympathiques. Tout récemment encore, la Société de géographie applaudissait M. de Léontieff et ses vaillants collaborateurs. La part prise par l'expédition à notre Exposition Universelle est pleine de promesses. M. le comte de Léontieff reprendra certainement l'œuvre qu'il a si bien commencée. La géographie lui devra la connaissance la plus exacte d'un vaste territoire, jusqu'à présent à peu près inconnu. La civilisation européenne et l'Ethiopie lui seront reconnaissants de ses efforts, et nous ne doutons pas que son œuvre ne soit aussi durable qu'elle mérite de l'être pour le bien général de la science et de l'humanité.

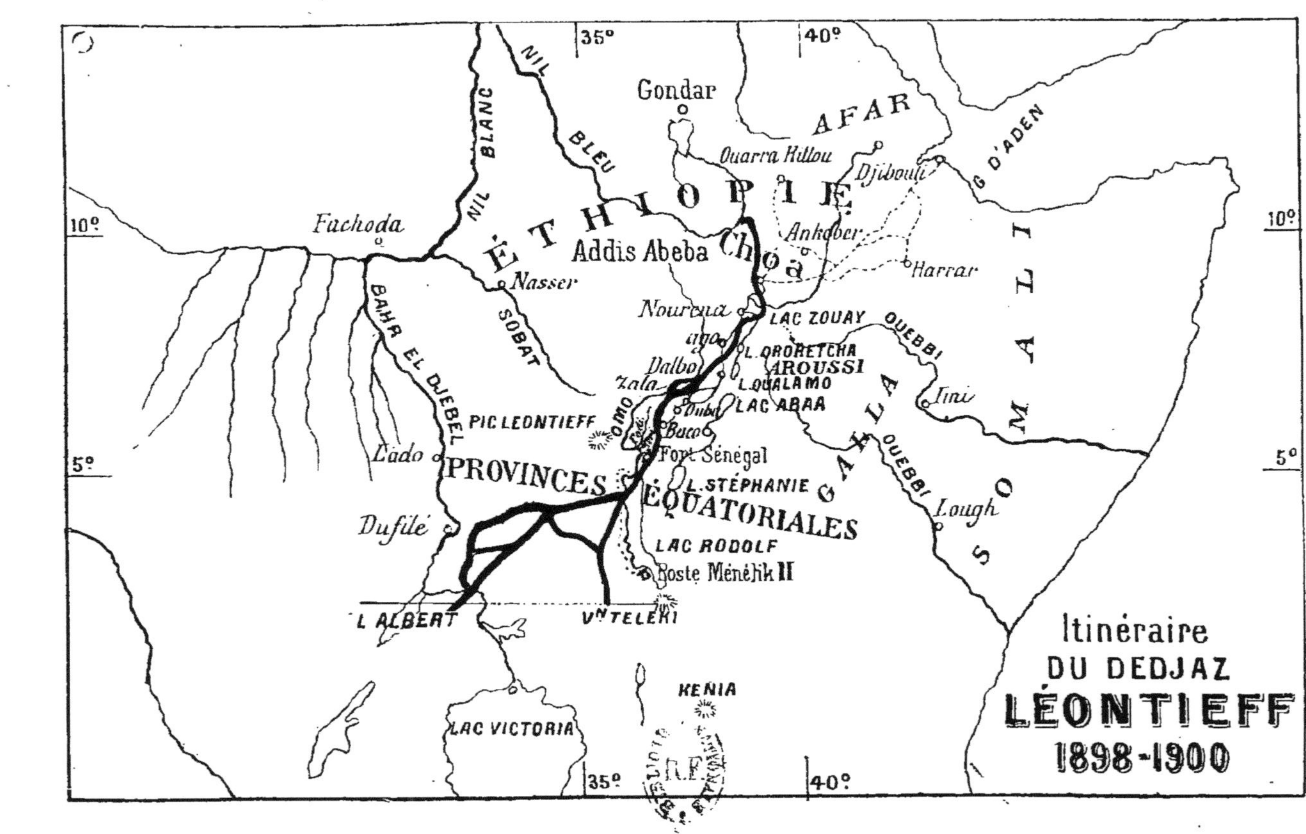
Itinéraire
DU DEDJAZ
LÉONTIEFF
1898-1900
35°
40°
10°
5°
Gondar
AFAR
G D'ADEN
NIL BLEU
NIL BLANC
Fachoda
ÉTHIOPIE
Addis Abeba
Choa
Quarra Hillou
Djibouti
Ankober
Harrar
Nasser
SOBAT
BAHR EL DJEBEL
Noureua
LAC ZOUAY
OUEBBI
L. ORORETCHA
AROUSSI
L. OUALAMO
LAC ABAA
Dalbo
Zala
OMO
PIC LEONTIEFF
Baco
Fort Sénégal
Lado
PROVINCES
ÉQUATORIALES
L. STÉPHANIE
GALLA
SOMALI
Ini
Lough
Dufilé
LAC RODOLF
Poste Ménélik II
L. ALBERT
Vn TELEKI
KENIA
LAC VICTORIA

Paris. — Imp. Chambrelent, 27-29, rue des Récollets.

IMP. CHAMBRELENT, 27 ET 29, R. DES RÉCOLLETS, PARIS

www.ingramcontent.com/pod-product-compliance
Ingram Content Group UK Ltd.
Pitfield, Milton Keynes, MK11 3LW, UK
UKHW021112200726
13857UKWH00003B/1208